UNE

MISSION ARCHÉOLOGIQUE
ESPAGNOLE

LE CAPITAINE DU PAIX

PAR

ACHILLE LEDIEU DUPAIX

VICE-CONSUL DES PAYS-BAS, À [illegible]

PARIS
IMPRIMERIE ET LIBRAIRIE CENTRALES DES CHEMINS DE FER
IMPRIMERIE CHAIX
SOCIÉTÉ ANONYME AU CAPITAL DE CINQ MILLIONS
Rue Bergère, 20
1892

UNE

MISSION ARCHÉOLOGIQUE ESPAGNOLE

LE CAPITAINE DU PAIX

PAR

Achille LEDIEU DUPAIX

VICE-CONSUL DES PAYS-BAS, A LILLE

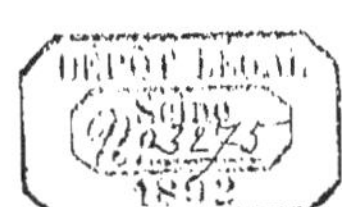

PARIS
IMPRIMERIE ET LIBRAIRIE CENTRALES DES CHEMINS DE FER
IMPRIMERIE CHAIX
SOCIÉTÉ ANONYME AU CAPITAL DE CINQ MILLIONS
Rue Bergère, 20
1892

UNE

MISSION ARCHÉOLOGIQUE

ESPAGNOLE

LE CAPITAINE DU PAIX

---

§

L'homme dont le nom est inscrit en tête de ces notes intimes ne semblait pas destiné, par ses débuts, à la mission qu'une auguste bienveillance devait lui confier.

Né dans la province du Luxembourg, pendant la seconde moitié du XVIIIe siècle, de Jean-François d'Oupey, dit Du Paix, qui y exerçait des fonctions de Finance, Guillaume du Paix suivit l'exemple de son frère aîné, Joseph du Paix, et entra aux Gardes du corps de S. M. Le Roi d'Espagne. L'admission, on le sait, était subordonnée à la délivrance par plusieurs gentilshommes de la même province d'un certificat établissant, aussi bien pour le récipiendaire que pour ses aïeux, la Noblesse ou l'exercice d'emplois réputés nobles. Cette justification était facile pour les Du Paix, seigneurs d'Herstal, et apparentés aux familles de Chaumont, de Warfusée, de Dammartin, de Courtenay, de Chabannes et de Montpensier.

Il passa quelques années dans cette troupe d'élite, fut pourvu d'une commission d'Officier au Régiment des Dragons d'Almanza, et prit du service au Mexique en qualité de Capitaine-propriétaire d'une compagnie de Dragons. Parti de Cadix, le 27 novembre 1790, sur le « Mata-Moros », il débarqua le 6 février suivant à la Vera-Cruz, sur cette terre qui devait devenir pour lui une seconde patrie. Là, ses qualités d'initiative et de résolution le firent apprécier de tous; et quand, après des opérations militaires vivement menées, put s'ouvrir l'ère féconde des investigations scientifiques, grâce à sa connaissance parfaite du pays, son nom fut des premiers mis en avant pour les diriger.

§

L'attention du Gouvernement de S. M. Catholique avait été, à diverses reprises, appelée sur l'existence au Mexique de monuments et de cités antérieurs à sa conquête par les Européens. C'est ainsi que, dès 1750, des Espagnols voyageant isolément et dans un esprit d'initiative personnelle s'étaient trouvés, dans le district de Carmen, province de Chiapa, royaume de Guatemala, en présence de ruines considérables d'anciennes constructions en pierre et de vestiges d'une ville de 7 à 8 lieues d'étendue. Plus tard, S. M. le Roi d'Espagne avait confié un travail d'exploration au capitaine Antonio

Del Rio qui fit dégager, à Palenque, une quinzaine d'édifices importants. Mais il n'y avait pas là de plan d'ensemble; et c'est seulement S. M. le Roi Charles IV qui, pour rehausser l'éclat d'une conquête dont les armes espagnoles avaient tout l'honneur, prit la résolution de faire rechercher et décrire les antiquités du pays qui témoignaient d'une civilisation si avancée. En conséquence, trois explorations successives, toutes parties de Mexico, furent organisées, et la conduite en fut confiée au capitaine Du Paix, qui, à ses aptitudes militaires, joignait une instruction variée et des connaissances artistiques acquises au cours de ses voyages, surtout en Italie. Il était accompagné d'un peintre, Don Luciano Castañeda, dessinateur du Musée de Mexico, d'un écrivain; et escorté par un détachement de Dragons du Régiment de Mexico.

La première expédition dura quatre mois, du 5 janvier 1805 au 10 mai suivant. Elle parcourut les territoires de :

Istapahican, Tumelican, Puebla, Tepeyacan, Tlacotepec, San-Cristoval, Teapantepec, Telmacan de Granadas, Orizaba, Chapulco, Alcucingo, Escamela, Zomolican, Téquilla, Cordova, Navanjal, Amatlan de los Reyes, Santiago, Guatusco, Acutzingo, Cholula, Altitzco, Quanhquelchula, Tochimilco, Ayacapistla, Casasavo, Cuernavaca, Jahettepec, Tetlama.

Son retour fut précipité par l'entrée dans la saison des pluies, mais pour reprendre par Oaxaca et Chialpa.

La deuxiéme expédition, commencée le 24 février 1806, prit fin dans les derniers jours de mars 1807. Son itinéraire fut :

Misteca, Antequera ou Oxaca, Xochimilca, Cuitlahuac, Xico, Misquique, Tlalmanalco, Mecamecan, Cozumba, Chimalhuacan, Tlachialco, Quantla, Amilpa, Saint-Jean, Ahuehuepa, Xonacatepec, Chetlan, Acatlan, Chila, Huahuapa, Tamazulapa, Teposcolula, Tanquistlan, Chacolula, *Mitla* (commencement de septembre 1806), San Pablo Guiloa, Ocotlan, Zachila, Guilapan, Tepeyacac, San Pablo del Monte, Axzotla, Tizatlan, Tlaxcala, Zizatlan.

Enfin, la dernière expédition, à l'est de Mexico,

se place entre le 4 décembre 1807 et le milieu de 1808. Les investigations du capitaine Du Paix portèrent sur :

• Puebla, Tepexe, Molcaxaque, Tepexe el nuevo, Quilapa, Tehuantepec, Chihuislan, San Domingo, Petapa, Ciudad Réal, Ocotzingo, *Palenque* (principalement), Tabasco, Ville Hermosa.

Les deux régions qui réservaient le plus de surprises à la mission étaient incontestablement Mitla et Palenque, — la première, par le sentiment de religieuse terreur qu'inspiraient ses sanctuaires et ses tombeaux; — la seconde, par la majesté des monuments, l'importance des substructions et l'harmonieuse diversité des matériaux employés. En exhumant ces terres cuites, ces agates, ces stucs, ces masques sonores, ces fûts aux chapiteaux richement sculptés, ces bas-reliefs si purs de lignes et si sobres d'effet, l'esprit de l'explorateur était amené (et le capitaine Du Paix n'y manque pas) à établir un rapprochement entre l'art mexicain et l'art de la Grèce et de Rome. Y avait-il pénétration de l'un par l'autre, ou s'étaient-ils rencontrés? Dans tous les cas, l'analogie était incontestable. Et, à part les qualités d'invention, ce qui était un sujet d'étonnement pour le chef de la mission, c'était qu'on eût pu mener à fin des œuvres si grandioses et si délicates à la fois, à l'aide de simples instruments de pierre ou de cuivre, les seuls que les fouilles missent au jour.

Comme épisodes, l'esprit humoristique du capitaine Du Paix note ces arbres d'un diamètre gigantesque abritant les jours de marché toute la population d'un village, ces nuées de sauterelles qui obscurcissent l'air et arrêtent forcément l'expédition, et ces méprises désagréables dont il fut deux fois victime, pris à tort comme espion étranger, la première, à Ciudad Réal, et la seconde, au terme de son voyage, où il obtint à grand'peine la restitution de ses papiers. Énervé des vexations dont il était l'objet, il réclama auprès du commandant de la localité et commença par « lui appliquer de la main » droite et avec toute la force dont il était capable, le

» meilleur soufflet. La réponse de l'officier fut qu'il le » recevait pour Dieu; ce qui désarma le capitaine Du » Paix et le fit repentir de sa vivacité. » (Le applique con la diestra en la megilla, con todo la fuerza que yo era capaz, el befeton mas bien aplicado.)

---

§

Le fruit des recherches du capitaine Du Paix allait être compromis par les événements politiques : il réunissait sa relation en langue espagnole et ses croquis pour les envoyer à Madrid, quand éclata la révolution des provinces américaines. Les notes furent oubliées à la douane de la Vera-Cruz, et c'est beaucoup plus tard seulement que, détournées de leur destination véritable, elles revinrent à Mexico pour y dormir dans les Archives. Le gouvernement suprême de la République, qui les avait retenues, fit cession à l'abbé Baradère, le 7 septembre 1828, des 150 dessins originaux et de la copie légalisée du manuscrit original de Du Paix; les légalisations à ce relatives ont été enregistrées le 9 janvier 1830, folio 19, n° 39, par M. Cochelet, gérant du Consulat de France à Mexico.

La publication du texte espagnol du capitaine Du Paix, avec la traduction française en regard, a eu lieu en 1831, à Paris, chez Jules Didot l'aîné, deux volumes grand in-folio, avec 197 planches, sous ce titre :

« Antiquités mexicaines. — Relation des trois expéditions du capitaine Du Paix, ordonnées en 1805, 1806 et 1807, pour la recherche des antiquités du pays, notamment celles de Mitla et Palenque; accompagnées de dessins de Castañeda et d'une carte du pays exploré; suivie d'un parallèle de ces monuments avec ceux de l'Égypte, de l'Indostan et du reste de l'ancien Monde, par M. Alex. Lenoir; d'une dissertation sur l'origine de l'ancienne population des deux Amériques et sur les diverses antiquités de ce continent, par M. Warden; avec un discours préliminaire, par M. Ch. Farcy, et des notes explicatives et autres documents, par MM. Baradère, de Saint-Priest, et plusieurs voyageurs qui ont parcouru l'Amérique. »

Cette œuvre dans laquelle, on l'a dit : « l'honnê- » teté littéraire de l'écrivain a été servie par l'hon- » nêteté artistique du peintre », n'a certes pas la portée des relations contemporaines (Égypte, etc.), ni de celles qui, depuis, ont vu le jour. Mais elle a eu cette originalité, grâce à la libéralité d'un souverain éclairé, de porter la première l'attention sur les origines et la civilisation d'un peuple complètement disparu, au moyen de son absorption par la race conquérante, et de tracer la voie à la magnifique publication de lord Kingsborough « Antiquities of Mexico ». (London, Robert Havell 1831-1848, 9 vol. in-folio max.)

L'auteur, retiré de la vie publique, était mort sans avoir eu la satisfaction de voir mettre au jour son consciencieux travail : mais il a laissé aux siens, à défaut des honneurs et de la fortune, le souvenir d'une tâche accomplie avec modestie et avec distinction, et un monument élevé à la gloire d'un grand peuple éteint et d'un Prince qui a su le faire revivre, grâce à sa généreuse initiative, dans les témoignages du passé!

ANNEXES

I. *Armoiries certifiées de la famille Du Paix.*

II. *Conditions d'admission aux Gardes-du-Corps de S. M. C.*

III. *Lettres de G. Du Paix.*

I

Reproduction *autographiée* du certificat du Roi d'Armes, et blason en *couleurs* (champ d'*argent*, fleurs de lis de *gueules*).

Nous Messire Charle Jean Beydaels Seigneur de Zillaert et Conseiller de Sa Majesté l'Empereur et Roï, Son premier Roï d'armes dit toison d'or et Chef de Sa chambre héraldique En ces Pays Bas et de Bourgogne, déclarons que les armoiries ci dessu depeintes avec leurs metteaux et couleurs et autres décorations sont celles de la noble et ancienne famille de Doupey dit Dupaix. En foi dequoi nous avons signé cette a la réquisition de Monsieur Jean François Doupey Ecuyer, et descendant en ligne directe de la même noble famille, pour lui servir et valoir ce que de droit et l'avons fait munir du cachet de nos armes et de celui de notre charge royale fait a Bruxelles le 3 d'aout 1786 en la Chambre héraldique

Beydaels de Zittaert

II

EXTRAIT

DES ORDONNANCES DE S. M. C.

SUR LES QUALITÉS QU'ELLE EXIGE DE CEUX QUI VEULENT SERVIR DANS SES GARDES-DU-CORPS

Ils ne pourront être admis qu'à l'âge de dix-huit ans et jamais au-dessus de celui de trente.

Sa Majesté veut qu'ils ayent la taille de cinq pieds quatre pouces, pieds nuds, qu'ils soient bien faits, robustes, de bonne mine, et sans aucun accident, ni infirmité corporelle.

Qu'ils soient Catholiques Romains, d'une naissance légitime, issus de Parents nobles, ou distingués

6

par des emplois honorables du côté paternel, sans aucune tache dans leur famille, ce que les prétendants doivent justifier par des certificats qui, aprés être approuvés, resteront dans les Bureaux de la Guerre, et pour leur faciliter la manière dont doivent être stipulés lesdits certificats, on prévient ce qui suit :

Ils présenteront leur extrait de Baptême, ceux de leur Père et Mère et un extrait du contract de Mariage de ceux-ci; ces quatre extraits devront être en papier timbré et toujours légalisés par trois Notaires.

Ils présenteront un certificat signé du Commandant ou Maire, Bourguemestre, Syndic ou Juges Municipaux du lieu de leur naissance, pour faire foi de leur Noblesse et de celle de leur Père et Mère, en justifiant sur quoi elle est fondée, principalement du côté du Père, et ce certificat devra être signé par un nombre suffisant de Gentilshommes de la Province.

Un autre certificat signé également des principaux Officiers Municipaux du lieu qui fasse mention, d'aprés les registres, des distinctions et privilèges dont ont joui, par leur Noblesse les ayeux du prétendant.

Un autre certificat ou témoignage que le prétendant n'a contracté aucun engagement de mariage, qu'il est célibataire, et qu'il n'est poursuivi pour aucune affaire en justice.

Tous ces papiers doivent être légalisés par main de Notaire en forme d'acte, ensuite controllés, et le prétendant devra les présenter dans leur forme originale.

On n'excepte point les enfants des Officiers servant dans l'Armée, qui seront tenus à présenter les papiers cy-dessus.

NOTE

On ne recevra point à l'examen de papiers en langue étrangère; ainsi, les Flamands et autres, auront soin de les faire traduire en Espagnol, à Madrid, par une personne jurée, avant de les présenter.

On exige qu'ils ayent, au moins, une pension de 600 lib. de leur Famille, pour se maintenir avec dècence dans le Corps.

III

A Monsieur J. Fr. Du Paix.

J'espère, mon cher frère, que vous ne vous plaindrez pas de mes lettres (puisqu'il y a un siècle que je ne vous ai écrit) quoi qu'il y a encore plus longtemps que je n'en ai reçu de vous.

J'ai fait un voyage fort agréable avec S. Exc. le Comte de Kaunitz, Ambassadeur d'Allemagne à cette Cour. Il me fit l'honneur de me demander pour l'accompagner en Portugal, Gibraltar, etc. J'ai acceptez son offre avec plaisir. Nous partîmes donc le 21 Mars pour Lisbonne : nous passâmes lestement d'icy en Portugal dans un carrosse à six Mulles avec des relais. Il y avait des cavaliers postez sur la route pour informer de notre arrivee le Gouverneur de la ville d'Elvas, en Portugal, qui nous envoya un Parti commandé par un Officier pour nous recevoir, sabre à la main. A l'approche de la ville, nous vîmes la garnison sous les armes, on tira le canon de la place, etc. On répéta la même cérémonie à Estramons, autre ville de guerre; nous fûmes à Lisbonne qui est en amphithéâtre. La ville neuve est fort jolie. La Cour y est fort triste, plus encore dans le tems que nous y étions, car c'étoit le Caresme. Tous les jours cela fut des repas splendides chez le Duc de Lasfoens, de Braganz, chez les Grands et Ambassadeurs, etc., et partout j'étois reçu comme Son Excellence, ou comme son ami.

Nous y restâmes dix-huit jours; ensuite, nous revînmes à Badajoz, le royaume d'Andalousie, Séville, Jérez, Port-Sainte-Marie, Cadix, etc., où était encore l'Escadre Espagnole de 34 vaisseaux de ligne. Nous fûmes les passer en revüe dans une chaloupe Royale, avec plusieurs Commandants de vaisseaux,

A l'approche de celui de la *Sainte-Trinité,* de 112 pièces de canon, le commandant fit un signe, et, dans un instant, on vit monter deux ou trois cents personnes sur les cordages, vergues, etc., et tous ensemble criioyent : *Vive le Roi!* Ensuite, on nous fit le salut du canon, ce qui offroit un spectacle charmant : cela fut répettez par d'autres vaisseaux. De là, nous fûmes dîner à bord de *L'Orient* où il y avoit un repas magnifique et plusieurs Dames, après, à la fête des Taureaux, puis à la promenade de l'Alaméda, ensuite au spectacle, à l'assemblée, et enfin, souper. Et voilà, mon cher frère, comment se passoient les jours dans les grandes villes,

Nous restâmes dix jours à Cadix; après, nous partîmes pour le camp de Saint-Roch, mon respectable compagnon avoit une lettre pour le Général afin qu'on nous laissât passer à Gibraltar, quoique dans ce temps là il n'y avoit point de communication. On fut avertir le Général Éliot, qui, le lendemain matin, nous vint recevoir à la porte de Terre, à cheval, avec plusieurs officiers, les coureurs en avant. Il voulait faire tirer le canon de la place, mais M. l'Ambassadeur ne voulut pas, parce qu'il auroit toujours voulu être incognito pour éviter les cérémonies. Nous restâmes deux jours dans Gibraltar, cette place qui a fixé l'attention de toute l'Europpe : nous vîmes tous les ouvrages et le dégât qu'avoient causé les Espagnols. La ville n'étoit qu'une ruine, à l'exception de quelques maisons, mais quelle place respectable! Nous reçûmes mille honnêtetés du Général Eliot : il y avoit aussi trois autres Généraux : MM. Green, Boydt et Lamotte. Nous prîmes des chevaux pour côtoyer la mer jusqu'à Grenade. Nous passâmes Stepona, Marvellas, Malaga, Achama, Grenade; puis, à Carthagène en voiture, à Murcie, Alicante, Valence, etc., et nous revînmes à Aranjuez où était la Cour.

Je suis le second pour passer Officier aux Gardes du Corps; alors, j'aurai 14 Florins de plus par mois, mais je devrai avoir deux chevaux, domestique en livrée : nota que pour un cheval passable, il faut compter le payer 40 à 45 pistolles, et on se ruine si on a le malheur de perdre un ou deux chevaux. Depuis que Le Roy s'est déclaré notre Colonel, le corps est sur un autre pied qu'auparavant.

Je suis, etc.

G. du Paix.

Escurial, Madrid, ce 3 novembre 1783 :/:.

Au même.

Mon Cher Frère,

J'ai mis à la voile à Cadix le 27 novembre 1790, et ai débarqué dans ce port le 4 février 1791. Notre navigation a été assez heureuse et les vivres ne nous ont pas manquez; nous avions une table bien servie. Notre frégate, le *Mata-Moros* paroissoit l'Arche de Noé; notre population était composée de 100 hommes, 9 grands veaux, 4 cochons, 14 moutons, plus de 200 poules, dindons, canards, chiens, chats, souris, petits oyseaux, mouches, araignées, puces, etc. etc.

Je n'ai rien vu de particulier dans ma route aquatique, sinon les îles de Canaris, le Pic de Ténériffe, d'une prodigieuse hauteur, un petit golfe de 1.000 lieues nommé Las Damas. Sans avoir aperçu absolument la terre, nous vîmes les îles de la Martinique et de la Dominique, nous passâmes au milieu des deux, nous cotoyâmes celle de Saint-Domingue, nous vîmes celle de Cuba, finalement nous touchâmes la terre ferme. Vu différentes sortes de poissons, particulièrement les baleines; une étoit d'une forme énorme, elle nous accompagna une partie de l'après-midi à côté de notre vaisseau, jetant de tems en tems, par deux grands trous qu'elle avoit sur le haut du cou, deux jets d'eau. Nous pêchâmes un grand et vénérable requin qui avoit la mâchoire garnie de trois rangées de dents; amateur passionné de la chair humaine, il avoit dans son ventre une bourse ou espèce de membrane fort propre qui contenoit une vingtaine de sardines (espèce de hareng) tout entières : quelques-unes étoient encore en vie, nous les mangeâmes à sa santé. Ledit poisson était femelle, il avait dans le ventre plus de cent œufs; quelques uns étoient de la grosseur, couleur et forme, d'un jaune d'œuf de poule. Nous prîmes aussi des dorados et bonitos, fort beaux poissons et bons à manger; nous en vîmes aussi d'autres fort grands qui avoient la tête d'un cochon ordinaire, escadronnant autour de notre vaisseau d'une façon des plus comiques, sautant hors de l'eau tous à la fois. Finalement, nous aperçumes une quantité prodigieuse de poissons volants. Quand ils se trouvent persécutés par les Dorados cy-devant nommés, ils sortent de l'eau et vollent à la distance d'un boulet de canon plus ou moins, se mouillent les ailes et continuent à voler jusqu'à pouvoir éviter leurs ennemis. Ils sont de la grandeur d'un hareng, quelques uns le double; nous vîmes aussi beaucoup d'oyseaux extraordinaires, une espèce particulièrement, qui avoient pour queue une seule et longue plume blanche.

La ville de la Vera-Cruz est peuplée de blancs et de noirs de différentes teintes, le tout forme un coup d'œil fort singulier. Il y a quantité de grands oyseaux de la grosseur d'un dindon qui sont fort familiers : ils nettoyent en partie la ville. Leurs demeures sont les maisons et tours d'églises; plus, d'autres oyseaux inconnus pour moi.

J'ai mangé aujourd'hui pour la première fois de l'ananas, fruit excellent, ainsi que le platano qui est très agréable au goût et fort odoriférant. Il y en a beaucoup. Il se trouve quantité de fruits que je ne connois pas encore; j'espère, petit-à-petit, faire leur connoissance. Dans le tems chaud, on est incommodez icy des moucherons, il y en a quantité. Le terrain produit beaucoup de scorpions, heureusement que leur piqûre n'est pas dangereuse. Il y a aussi une grande quantité d'Écrevisses, grosses et petites, qui vivent hors de l'eau, en sorte que l'été, elles coulent dans les rües et maisons. Elles sont de couleur bleuâtre : il faut avoir beaucoup de soins pour s'en garantir. A une lieue d'icy environ, il y a différents petits bois où il se trouve beaucoup d'oyseaux comme : Perroquets et autres fort jolys, de différentes couleurs, beaucoup de citronniers sauvages donnant des fruits petits et fort aigres, et d'autres plantes et fruits extraordinaires : enfin, une nouvelle nature.

J'ai cru, mon cher Frére, vous faire plaisir en vous écrivant ces choses. Je vous présente mes civilitez et vous embrasse de tout mon cœur, ainsi que votre chère famille.

Votre frère,

G. DU PAIX.

Vera-Cruz, ce 6 février 1791.

IMPRIMERIE CHAIX, RUE BERGÈRE, 20, PARIS. — 10250-4-92.

www.ingramcontent.com/pod-product-compliance
Ingram Content Group UK Ltd.
Pitfield, Milton Keynes, MK11 3LW, UK
UKHW020421220726
13923UKWH00005B/2085

9 782019 967628